[EXP]OSITIONS DE PERPIGNAN.

CATALOGUE
DES OBJETS D'ART
ANCIENS ET MODERNES,
ET
DES ŒUVRES DE PEINTURE,
DE DESSIN,
D'ARCHITECTURE, DE SCULPTURE
EXPOSÉS
AU SALON DE PERPIGNAN,
Le 4 Mai 1862.

PRIX : 75 CENTIMES.

PERPIGNAN.
J.-B. ALZINE, IMPRIMEUR-LIBRAIRE,
Rue des Trois-Rois, 1.
1862.

EXPOSITIONS DE PERPIGNAN.

CATALOGUE
DES OBJETS D'ART
ANCIENS ET MODERNES,

ET

DES ŒUVRES DE PEINTURE,
DE DESSIN,
D'ARCHITECTURE, DE SCULPTURE,

EXPOSÉS

AU SALON DE PERPIGNAN,

Le 4 Mai 1862.

PRIX : 75 CENTIMES.

PERPIGNAN.
J.-B. ALZINE, IMPRIMEUR-LIBRAIRE,
Rue des Trois-Rois, 1.
1862.

NOTA. — *La Commission des Beaux-Arts n'accepte aucune responsabilité pour les attributions d'auteur faites par les exposants.*

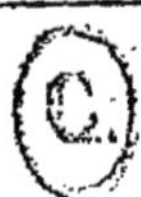

MEMBRES DE LA COMMISSION.

MM. LE MAIRE DE PERPIGNAN, *président*.

CALMÈTES, cons. à la Cour de Cassation,
ARAGON, président de chambre à la Cour Impériale de Montpellier,
LLOUBES (Auguste), conseiller-général,
} *vice-présidents.*

ALART, secrétaire d'Académie,
GEOFFROY, chef du cabinet du Préfet.
} *secrétaires.*

ASPRER DE BOAÇA, homme de lettres, à Prades.

AURIOL (Prosper), banquier, à Perpignan.

BARDOU (Pierre), fabricant de papier à cigarrettes, à Perpignan.

BÉDOS, avocat, à Perpignan.

L'abbé BOUCABEILLE, à Perpignan.

DE BONNEFOY, propriétaire, à Perpignan.

D'ESPRÈS (Jules), propriétaire, à Perpignan.

COMPANYO (Auguste), notaire, à Céret.

DROGUARD, architecte diocésain, à Perpignan.

L'abbé FINES, supérieur du Grand-Séminaire, à Perpignan.

FOURCADE, agent-voyer, à Perpignan.

L'abbé GRANIER DE CASSAGNAC, principal du Collége, à Perpignan.

De Guardia, conseiller de préfecture, à Perpignan.

Guiraud, conservateur du Musée, à Perpignan.

Izern, ancien orfèvre, à Perpignan.

Jaubert de Passa, lieutenant de vaisseau en retraite, à Perpignan.

Lacombe Saint-Michel (Romain), propriétaire, à Perpignan.

Mas (Auguste), peintre, à Prades.

Morer, archiviste, à Perpignan.

Mourat (Édouard), orfèvre, à Perpignan.

D'Ortaffa, propriétaire, à Perpignan.

Passama fils (Joseph), propriétaire, à Perpignan.

Ratheau, capitaine du génie, à Amélie-les-Bains.

Saléta (Léon), membre du Conseil général, à Prades.

Tastu-Jaubert, licencié en droit, à Perpignan.

Tisané, maire de Laroque.

Vignole, architecte du département, à Perpignan.

Vilallongue (Camille), juge d'instruction, à Perpignan.

Perpignan, le 12 février 1862.

Le Préfet, Président de la Commission Centrale,

I. SALLES.

Le Secrétaire-Général, A. LLOUBES.

EXPOSITION

DES BEAUX-ARTS A PERPIGNAN,

Le 4 Mai 1862.

OBJETS D'ART.

1. Pot à eau, vieux Florence.
   M. Pierre Vezian. Cassagnes.

2. Vieux tapis brodé.
   Le même.

3. Collection de chinoiseries : Éventails, écritoire, boîtes à gants en laque, boîtes à gants en ivoire, boîte à thé, plateaux en laque, boîte à bonbons, chiffonnière, nécessaire, bols.
   M. Bonnet. Saint-Laurent.

4. Tasse de porcelaine-chine.
   M. Adamoli. Perpignan.

5. Abel et Caïn; plat émaillé. Rimini, 1535.
   M. Gérard d'Oms. Sainte-Marie-la-Mer.

6. Autographes.
M. François Méric. Perpignan.

7. Fragment de câble électrique sous-marin.
M. Jérôme Forgas. Elne.

8. Porcelaine de chine : assiette, bol, tasses.
M Valadou. Perpignan.

9. Mandoline.
Le même.

10. Diptyque en ivoire. XIVe siècle.
Mme Conte de Bonet. Perpignan.

11. Grand plat. Faïence majolica.
M. R. Lacombe Saint-Michel. Perpignan.

12. Trois tasses, vieux chine.
13. Trois tasses, vieux japon.
14. Plat et théière, vieux japon.
N°s 11, 12 et 13, apportés en France en 1760.
Le même.

15. La Cène, médaillon en fonte.
M. de Salasco. Perpignan.

16. Armes anciennes.
M. Torou. Perpignan.

17. Jeu d'échecs chinois.
M. Numa Lloubes. Perpignan.

18, 19. Petits vases étrusques : imitation par M. Canavi.
Mme Hiver. Perpignan.

20. Groupes d'enfants; médaillon en plâtre.

Mme Hiver. Perpignan.

21. Violon Caussin.

M. Michel. Perpignan.

22. Bahut, imitation moyen-âge.

Le même.

23, 24, 25, 26, 27. Collection d'armes chinoises: Drapeau, deux lances, sabre, poignard.

M. Léon Bolnix. Perpignan.

28. Monstrance du XVe siècle, appartenant à l'église de Millas.

29. Oraison dominicale en CL langues.

M. Cazes. Millas.

30. Auge en pierre trouvée à Força-Real.

Le même.

31. Chaussettes de Géorgie.

M. Roquefort. Perpignan.

32. Bracelets et dé.

Le même.

33. Thermomètre monté sur ivoire.

M. Jacob. Perpignan.

34. G. Buchanani poemata. Elzevier, 1628.

Mme Jacob. Perpignan.

35. Arnaldi Corvini Jus canonicum. Elzevier, 1663.

La même.

36. Prières de Nerset, patriarche arménien, en XXIV langues.

Mme Jacob. Perpignan.

37. Étui à ciseaux en argent.

M. de Lanquine. Perpignan.

38. Clef ancienne.

Le même.

39. Christ en ivoire.

M. Jacques Boubal. Perpignan.

40, 41, 42, 43, 44. Porcelaine, vieux chine et vieux japon.

M. Pierre Bardou. Perpignan.

45. Tasses, porcelaine de Sèvres, éventails, montre.

M. de Lamer. Perpignan.

46. Tabatières.

Le même.

47. Œuvres de Mercat, médecin espagnol, 1619.

Mme veuve Fuster. Perpignan.

48. Assiettes, tasses et soucoupes, porcelaine de Chine.

Mme veuve Gouzin. Perpignan.

49. Bahut renaissance.

Mme Planes, épouse Ferrand. Terrats.

50. Cosmographie de Paul Merula.

M. Noguères. Céret.

51. Œuvres complètes d'Aristote, 1531.
M. Aymérich. Perpignan.

52. Simon Stevin, Œuvres mathématiques.
Le même.

53. Œuvres de Cicéron, 1534.
Le même.

54. Chaîne en pierre.
M. Mercuriol. Marseille.

55. Sophologium du Frère Jacques Legrand, 1495.
M. le Curé de Lesquerde.

56, 57. Portes de tabernacle en marbre, par MM. Alary et Janel. Perpignan.

58. Chapiteaux en marbre, par les mêmes.

59. Têtes d'anges, par les mêmes.

60. Psaltérion.
M. Guillemot. Perpignan.

61. Broderies anciennes.
Mme Parès. Perpignan.

62 à 73. Belles éditions de Xénophon, 1572; Cicéron, 1577; Hérodote, 1598; Aristote, 1590; Suétone, 1548; Varron, 1581; Justin, 1581; Macrobe, 1532; Diogène Laërce, 1598; Oppien, 1597.
M. Noguères. Céret.

74. Ancien buffet.

M. Gilles Estève. Perpignan.

75. Office de la Vierge, manuscrit du XIVe siècle.

M. Colomer, curé. Truillas.

76. Pendule anglaise.

M. Matthieu Abadie. Perpignan.

77 à 80. Pipes en bois sculptées, bouts de cannes, cachet, broches en ivoire sculptés, par M. Méderic Pech, de Saint-Paul.

81. Petite pendule.

M. Mirande. Perpignan.

82, 83. Petits bustes en ivoire.

M. Boix, pharmacien. Perpignan.

84. Miroir persan.

Mme Joséphine Jaume, Perpignan.

85. Miroir japonais.

M. Léon Boluix. Perpignan.

86. Gargoulette du Japon.

Le même.

87. Vase en porcelaine craquelée.

Le même.

88. Porte-aiguille à tricoter.

M. Boubal. Perpignan.

89. Surtout de table.

Le même.

90. Pièce d'étoffe ancienne.

M. Boubal. Perpignan.

91. Adoration des Mages, ivoire sculpté du XIVe siècle.

Le même.

92. Portrait médaillon; au dos : *Theophrastus 3.*

M. Fourgues, commissaire de police à Formigueras.

93. Saint Michel, statue en bois; XVe siècle.

M. Potot. Perpignan.

94. Vie de N. S. J. C., par Ricci; gravures, 1610.

M. Jules Parès. Perpignan.

95. Saint Joseph et l'Enfant Jésus, émail de Limoges, L. Laudin.

Mme Durand de Çagarriga. Perpignan.

96. Les trois Grâces, groupe en albâtre.

M. Geoffroy, chef du cabinet du Préfet. Perpignan.

97. Bahuts anciens.

M. Fonvielle. Perpignan.

98. Gilet Louis XV, drap d'argent, brodé en soie.

Le même.

99. Gilet Louis XV, drap d'or, brodé en soie.

Le même.

100. Dentelles anciennes.

Le même.

101. Patrons de costumes militaires; manuscrit, 1785.

Le même.

102. Médailles et jetons.

M. Cartier. Perpignan.

103. Tabatière en ivoire, avec miniature.

Le même.

104, 105, 106. Écussons, armes et chiffre de M. de Mailly.

Cathédrale de Perpignan.

107. Ancienne armoire.

M. Paul Oliver. Perpignan.

108. Bénitier en nacre.

M. Auguste Lloubes. Perpignan.

109. Dressoir ancien.

M. Jean Conte. Estagel.

110. Christ en ivoire.

M. Pierre Bardou. Perpignan.

111. Adoration des Mages, bas-relief en bois.

Le même.

112. Adoration des bergers, bas-relief en bois.

Le même.

113, 114. Urnes en porcelaine de Chine.

Le même.

115, 116. Vases en porcelaine de Chine.

Le même.

117. L'Amour quêteur, groupe en biscuit de Saxe.

Le même.

118. L'Amour vainqueur, groupe en biscuit de Saxe.
M. Pierre Bardou. Perpignan.

119. Cuillers en argent à jour.
M. Auguste Lloubes. Perpignan.

120. Éventail.
M. Valadou. Perpignan.

121. Buste en terre.
M. Adolphe Jaubert de Passa. Perpignan.

122. Cuiller persanne à sorbets.
Le Même.

123. Croix processionnelle de Cornella-del-Vercol.

124, 125. Encensoirs de Cornella-del-Vercol.

126, 127. Navettes à encens de Cornella-del-Vercol.

128. Cuiller à encens de Cornella-del-Vercol.

129. Cuiller baptismale, en forme de coquille, de Cornella-del-Vercol.

130. Bassin à burettes de Cornella-del-Vercol.

131. Architecture de Sébastien Serlio; 1562.
M. Baillaud. Perpignan.

132. Enfant Jésus, statue en bois.
M. Espériquette. Perpignan.

133. Nécessaire avec incrustations d'ivoire.
M. de Lanquine. Perpignan.

134. Hure de sanglier, émaillée.
M. Pierre Bardou. Perpignan.

135. Sainte Thérèse; émail de Limoges, N. Laudin, près les Jésuites.
Le même.

136. Saint Martial; émail de Limoges, I. Laudin.
Le même.

137. Bouton émaillé; émail de Limoges, L. Laudin.
Le même.

138. Salière émaillée.
Le même.

139. Croix processionnelle de Collioure.

140. Bourdons de chantre de Collioure.

141. Croix processionnelle de Camélas.

142. Croix processionnelle de Néfiach.

143. Croix processionnelle de Formigueras.

144. Encensoir de Collioure.

145. Encensoir d'Ur.

146. Monstrance de Collioure; XIVe siècle.

147, 148. Chandeliers de Collioure.

149. Monstrance en forme de bras, de Vernet-les-Bains.

150. Nappe d'autel de Vernet-les-Bains; caractères arabes dans la broderie.

151. Plutarque d'Amyot, 1572.
M. Casteillo. Perpignan.

152. Nouveau Testament grec, 1568.
Le Même.

153. Christ en ivoire.
M. Auguste Lloubes. Perpignan.

154. Vierge en ivoire.
Le même.

155. Belle guipure ancienne.
Le même.

156, 157. Chapelet avec inscrustations de nacre.
Le même.

158. Soupière, faïence de Nevers.
Le même.

159. Soupière, faïence de Florence.
Le même.

161. Théière, vieux Chantilly.
Le même.

162. Pot au lait, vieux Chantilly.
Le même.

163. Vases en porcelaine, vieux Japon.
Le même.

164. Bouquetiers de Jacob Petit.
M. Auguste Lloubes. Perpignan.

165. Sucrier en vieux Chantilly.
Le même.

166. Tasses en vieux Chantilly.
Le même.

167. Tasse en vieux Sèvres.
Le même.

168. Soucoupe en porcelaine de Saxe.
Le même.

169. Soucoupe en porcelaine de Sèvres, pâte tendre.
Le même.

170. Tasse en vieux Chantilly.
Le même.

171. Salières émaillées.
Le même.

172. Assiettes avec bord à jour.
M. Valadou. Perpignan.

173. Pots à lait.
Le même.

174. Statuettes chinoises.
Le même.

175. Saint Joseph et l'Enfant Jésus; émail de Limoges, P. Nouailher.
M. Jouy-d'Arnaud. Perpignan.

176. Saint Ignace; émail.
M. Jouy-d'Arnaud. Perpignan.

177. Sainte Thérèse; émail de Limoges, par Laudin.
Le même.

178. Saint Jérôme; émail de Limoges, P. Nouailher.
Le même.

179. Saint Augustin, émail de Limoges, P. Nouailher.
Le même.

180. Flavius Vespasianus; émail.
Le même.

181. Salvius Otho VIII; émail.
Le même.

182. Saint Pierre et sainte Catherine; émail de Limoges, P. Nouailher, aîné.
Le même.

183. Saint Joseph conduisant l'Enfant Jésus; émail de Limoges, P. Nouailher.
Le même.

184. Cæremoniale episcoporum; 1623.
M. le chanoine Baus. Perpignan.

185. Messe des morts, manuscrit par M. l'abbé Coste, de Perpignan.

186. Grand plat en faïence de Rouen.
M. Testory. Perpignan.

187. Assiettes à fleurs.

M. Paulin Testory. Perpignan.

188. Sucrier en émail.

M. Maymard. Rodez.

189. Petits vases en émail.

Le même.

190, 191. Fusils marocains.

M. Llanas. Perpignan.

192. Summa mag. Ioh. de Rupella, manuscrit du XIVe siècle.

Fabrique de Saint-Étienne d'Ille.

193. Sainte Madeleine; émail de Limoges, Naudin l'aîné.

M. l'abbé Boucabeille. Perpignan.

194. Saint Jean-Baptiste; émail de Limoges, Naudin l'aîné.

Le même.

195. Croix plaquée en nacre,

Mme Parès. Perpignan.

196. Pot à eau en faïence de Rouen.

M. Auguste Lloubes. Perpignan.

197, 198. Porcelaines de Strasbourg.

Le même.

199. Bouquetier émaillé, de Limoges.

Le même.

200. Pot à fleurs en faïence de Rouen.
M. Auguste Lloubes. Perpignan.

201. Cafetière en faïence de Paris.
Le même.

202. Théière de Limoges.
Le même.

203. Plat en faïence de Rouen.
Le même,

204. Tasse en faïence de Limoges.
Le même.

205. Porte-huilier en argent.
M. Boluix, notaire. Perpignan.

206. Étui en ivoire à jour.
Le même.

207. Nautiles ornés de broderies.
Mme Jalabert. Perpignan.

208. Cuillers arabes.
La même.

209. Éventail en étoffe gélatineuse.
La même.

210. Porte de tabernacle en marbre, par M. Boyer de Perpignan.

211. Serre-papier en marbre, par le même.

212. Râpe à tabac en ivoire sculpté, 1687.
M. de Lourdoueix. Perpignan.

213. Clef ancienne.
M. Trémolèdes. Perpignan.

214. Pendule-Cartel, époque de Louis XVI.
M. Pierre Bardou. Perpignan.

215. Miniature, encadrement rocaille.
Le même.

216. Portrait en miniature sur ivoire.
Le même.

217. Gravure portrait.
Le même.

215. Portrait de M. de Noailles.
Le même.

219 à 221. Portraits en miniature sur ivoire
Le même.

222. Parasol chinois.
M. Joseph Llach. Perpignan.

223. Pendule, époque Louis XV.
M. de Bruguère. Perpignan.

224. Pendule, époque Louis XVI.
Le même.

225. Pendule moderne.
Le même.

226. Prophetæ priores, en hébreu; Robert Estienne, 1544.

M. Alart. Perpignan.

227. Canne en liége sculptée.

M. Adrien Fabre. Perpignan.

228. Buffet en marqueterie.

M. François Malis. Perpignan.

229. Petit vaisseau trois-mâts, par M. Paul Perpignane, de Collioure.

230. Combat de lions, groupe en marbre.

M. Castelnau, à Latour.

231. Sanglier, sculpture en marbre, par M. Vergniet, de Saint-Paul.

232. Missel manuscrit de la Mairie de Perpignan. 1490.

233. Armes diverses.

M. Pierre Bardou. Perpignan.

234. Groupe en biscuit de Saxe, de Clodion.

M. Salles, Préfet des Pyrénées-Orientales.

235. Archimèse plaquée en paille.

Mlle Marie Gastu. Perpignan.

236. Chasuble de Collioure, XVIe siècle.

237. Dalmatiques de Collioure, XVIe siècle.

238. Chape de Palau-del-Vidre, 1554.

239. Surplis bordé en guipure.

240. Chaîne en paille.
M. Chapé. Perpignan.

241. Encrier en faïence ancienne.
M. Salles, Préfet des Pyrénées-Orientales.

242. Reliquaire en ivoire, orné de gravures, XIVe siècle.
Le même.

243. Chandelier en fer forgé, XVIIe siècle.
M. Geoffroy, chef du cabinet du Préfet. Perpignan.

244. Vases à fleurs en porcelaine de Chine.
Mlle Corbière. Perpignan.

245. Statuette en biscuit.
La même.

246. Tabatière donnée par Napoléon Ier à M. Rouet.

247. Deux assiettes en laque de Chine.
M. Barrera. Perpignan.

248. Trois plats en porcelaine de Chine.
Le même.

249. Une assiette en porcelaine de Chine.
Le même.

250. Un saladier en porcelaine de Chine.
Le même.

251. Une paire de bracelets chinois, écaille et argent filigrané.
Le même.

252. Deux bambous sculptés.

M. Barrera. Perpignan.

253. Pantoufle de dame chinoise.

Le même.

254. Cassolette chinoise en bronze.

Le même.

255. Deux porte-allumettes chinois, en ivoire.

Le même.

256. Bouquetier chinois, en pierre.

Le même.

257. Deux vases chinois.

Le même.

258. Sept statuettes chinoises, bois, bronze, laque, porcelaine.

Le même.

259. Boîte à thé, en laque.

Le même.

260. Miroir chinois.

Le même.

261, 262. Vases en porcelaine de Chine.

Le même.

263. Pot à eau.

Le même.

264. Boîte à thé.

Le même.

265. Pendule, style Louis XV.

M. Lazeu de Peyralade. Saint-Paul.

266. Arc chinois.

M. Barrera. Perpignan.

267 à 269. Fusil-carabine, casque et sabre russes.

Le même.

270 à 273. Casque, gorgerin, épée.

M. Astruc. Perpignan.

274. Deux feuilles de l'arbre d'argent.

M. Belloc. Perpignan.

ŒUVRE DE M. A. OLIVA.

Réductions en plâtre d'un buste en bronze, de onze bustes et d'une statue en marbre.

275. Le vénérable J.-B. de La Salle.

276. Le révérend P. Libermann; Salon de 1859.

277. Le général Bizot; Salon de 1859.

278. Henri Lehmann, peintre d'histoire; Salon de 1859.

279. M. Frédéric de Mercey, directeur des Beaux-Arts; Salon de 1859.

280. Le prince Eustache Sapieha; Salon de 1860.

281. Sœur Javonhey, supérieure générale de l'ordre de Saint-Joseph de Cluny; Salon de 1855.

282. M. l'abbé Deguerry, curé de la Madeleine; Salon de 1857.

283. Mme Henri Lehmann.

284. Le R. P. Ventura de Raulica; Salon de 1857.

285. Le docteur Cazalas; Salon de 1860.

286. Mgr Gerbet, évêque de Perpignan; Salon de 1857.

287. Mlle Léonie Lehmann.

288 à 291. Faisceaux d'armes.
M. Pierre Bardou. Perpignan.

292. Tasse et soucoupe en faïence émaillée.
M. Domenech, Juge de paix. Perpignan.

293, 294. Bol et tasse en porcelaine, vieux chine.
Le même.

295. Tromblon de chaloupe côtière.
M. Toron. Perpignan.

296. Statuette chinoise en cuivre.
M. Roucoules. Perpignan.

297. Croix incrustée de nacre.
M. Pierre Bardou. Perpignan.

298. Bouquets de fleurs en plume.
Le même.

299. Pendule, époque Louis XIII.
Le même.

300. Fusil de rempart.
Le même.

301. Tromblon de chaloupe côtière.
M. Pierre Bardou. Perpignan.

302. Tapis de table en guipure.
M. l'abbé Garretta. Perpignan.

303 à 305. Poignards, arcs et flèches, casques russes.
M. Pierre Bardou. Perpignan.

306. Serre-papier; groupe en bronze.
M. Geoffroy, chef du cabinet du Préfet. Perpignan.

307. Pendule Cartel, époque de Louis XIV.
Le même.

308. Jonc à trois pousses.
Le même.

309. Pendule ancienne de Gaudron.
M. Domenech, Juge de Paix. Perpignan.

310. Assiettes trouvées sur la tour de Malakof.
M. Franc. Perpignan.

311. Éventail monté en ivoire, époque Louis XV.
Mlle Campagne. Perpignan.

312. Pendule.
M. Émile Lequin. Perpignan.

313. Baptême de N. S. J. C. Émail de Limoges. Laudin.
M. Amouroux, agent de change. Perpignan.

314, 315. Groupes en marbre.
M. Pierre Cazade. Perpignan.

316. Portrait miniature.

M. Antoine Vidal. Perpignan.

317. Statuette en terre cuite.

M. Saléta. Perpignan.

318. Portrait miniature.

M. Jules Sicart. Perpignan.

319. Espingole, par M. Munch, chef armurier du 1er régiment du Génie. Montpellier.

320 à 343. Sujets divers, monuments, sites, etc., en coquillages, en sucre, en os de sèche, en carton.

M. B. Rivière. Perpignan.

344. Violon Nicolas.

M. Baus. Perpignan.

345. Console en bois sculpté et doré, époque Louis XV.

Le même.

346. Chapelle en coquillages.

M. Nutmacher. Lyon.

347 à 350. Ouvrages en papier frisé.

M. Paul Vile. Perpignan.

351 à 353. Collection de monnaies.

M. Testory. Perpignan.

354. Collection d'assignats.

Le même.

355. Tabatière en porcelaine montée en vermeil.

M. Rathcau. Perpignan.

356. Mémoires d'Albert Durer en Allemand, 1571.
M. Ratheau. Perpignan.

357. Pendule Louis XIII, par Deval.
M. Granier de Cassagnac, Principal du Collége. Perpignan.

358, 359. Candelabres portés sur potiche de Chine.
Le même.

Objets chinois apportés par M. Masnou, médecin-major de 1re classe.

360. Boîte à thé en laque du Japon.

361. Boîte à ouvrage en laque du Japon.

362. Coffret en laque du Japon.

363. Boîte à mouchoirs en laque du Japon.

364. Grande boîte en laque de Pékin.

365. Boîte ronde en laque de Pékin.

366. Instrument de musique à anche.

367. Morceau de bois sculpté à jour.

368. Carnet de visite en ivoire sculpté.

369. Carnet de visite en bois de sandal sculpté.

370. Étui et couvert chinois.

371. Nids d'hirondelles chinois.

372. Statuettes en bronze doré.

373. Soulier de femme Tartare de Pékin.

374. Souang-pang ou machine à calculer.

375. Souang-pang de poche en ivoire.

376. Pot à tabac en bambou sculpté.

377. Pipe pour fumer l'opium.

378. Mouchoirs en fil d'ananas brodés.

379. Pierre à délayer l'encre de chine.

380. Pinceaux à écrire.

381. Papier à lettre et enveloppe.

382. Sphère.

383. Écrans de cheminée.

384. Écussons brodés pour robe de Mandarin.

385. Vase de porcelaine.

386. Vase de porcelaine craquelée.

387. Chandelier en forme d'oiseau en serpentine.

388. Bougie chinoise.

389. Coupe en jade avec son support.

390. Sucrier en jade.

391. Boîte à couvercle articulé en jade.

392. Morceau de jade sculpté à jour.

393. Tabatière chinoise en cuivre émaillé.

394. Vase en cuivre cloisonné.

395. Boîte en cuivre cloisonné.

396. Crachoir impérial.

397. Boîte en filigrane d'argent.

398. Glace dorée avec montre au manche.

399. Volumes de la bibliothèque impériale chinoise.

400. Gravures chinoises.

401. Albums sur papier de riz.

402. Chapeau de mandarin de 3e classe.

403. Étuis fourrés pour les oreilles.

404. Pipe en porcelaine.

M. Alfred Sauvy. Perpignan.

405. Saint François de Paule. Émail de Limoges.

M. Joseph Laplante. Perpignan.

406. Paysage en liége.

M. Fossaty. Perpignan.

407. Poignard corse.

M. Llanas. Perpignan.

Série d'objets chinois exposés par M. Masnou.

408, 409. Statuettes en bronze.

410, 411. Statuettes en bronze doré.

412, 413. Vases en porcelaine.

414, 415. Magots en bambou.

416, 417. Magots en ivoire.

418. Bracelet en ivoire.

419, 420. Pièces de monnaies chinoises et annamites.

421. Paquet de Sapèques de Chine.

422. Emplâtre chinois avec son prospectus.

423. Tabatière en or émaillé.
M. Henri de Bordas. Perpignan.

424. Bouquet brésilien en plumes d'oiseau.
M. Maler. Perpignan.

425. Gilet Louis XV, brodé.
M. Ange Bousquet. Perpignan.

426. Statue de la Vierge de Font-Romeu.

427, 428. Recueil de divers objets de curiosité : Clichés par M. Pierre Bardou, monnaies anciennes et modernes, clefs anciennes, bijoux, etc.
M. Pierre Bardou. Perpignan.

429. Parasol chinois.

M. Masnou. Perpignan.

430. Morceaux de stéatite sculptés à jour.

M. Pierre Bardou. Perpignan.

431, 432. Tasses et soucoupes en porcelaine de Chine.

Le même.

433, 434. Souliers de femme, époque Louis XV, et modèle des mêmes en faïence.

Le même.

435. Bracelets-chapelets de Constantinople.

Le même.

436. Boîte en ivoire, sculptée.

Le même.

437. Boîte persanne.

Le même.

438. Coffret en fer.

Le même.

439. Assiette en faïence ancienne de Thuir.

Le même.

440. Calice de Saint-Jacques de Perpignan. 1516.

EXPOSITION

DES BEAUX-ARTS A PERPIGNAN,

Le 4 Mai 1862.

PEINTURE, DESSIN, ARCHITECTURE & SCULPTURE.

1. École française.—Em. Cartier.
Taureau attaqué par un chien.
M. le Dr Verney, au Lazaret de Cette. *A vendre.*

2. École flamande. — Rubens.
Jupiter et Anthiope.
M. le Dr Verney, au Lazaret de Cette. *A vendre.*

3. École espagnole. — Murillo.
Enfants jouant.
M. le Dr Verney, au Lazaret de Cette. *A vendre.*

4. École française. — Vanloo des Neiges.
Paysage et figures.
M. le Dr Verney, au Lazaret de Cette. *A vendre.*

5. École française. — J. Vernet.
Marine.
M. le Dr Verney, au Lazaret de Cette. *A vendre.*

6. École française. — Soulié.
Paysage et figures.
M. le Dr Verney, au Lazaret de Cette. *A vendre.*

7. École italienne. — Salvator Rosa.
Paysage et figures.
M. le Dr Verney, au Lazaret de Cette. *A vendre.*

8. École française. — Claude et Poussin.
Chasse aux abeilles.
M. le Dr Verney, au Lazaret de Cette. *A vendre.*

9. École hollandaise. — Balthasar Van den Bosch.
Atelier de sculpture.
M. le Dr Verney, au Lazaret de Cette. *A vendre.*

10. École hollandaise. — Balthasar Van den Bosch.
Atelier de peinture.
M. le Dr Verney, au Lazaret de Cette. *A vendre.*

11. École flamande. — Rubens.
Sainte famille.
M. le Dr Verney, au Lazaret de Cette. *A vendre.*

12. École italienne. — Salvator Rosa.
Paysage.
M. le Dr Verney, au Lazaret de Cette. *A vendre.*

13. École française. — Maurin, père.
Abigaïl.
M. Espériquette. Perpignan.

14. École française. — Maurin, père.
Esther.
M. Espériquette. Perpignan.

15. École française. — Maurin, père.
Rebecca.
M. Espériquette. Perpignan.

16. Portrait.
M. Rocamir. Toulouse. *A vendre.*

17. École française. — Monseau.
Paysage.
M. Rocamir. Toulouse. *A vendre.*

18. École française. — Gélibert.
Une vache.
M. Rocamir. Toulouse. *A vendre.*

19. École hollandaise.—Gérard de Lairesse.
Saint Paul guérissant les malades.
M. Rocamir. Toulouse. *A vendre.*

20. École française.—De Marne.
Paysage avec animaux.
M. Rocamir. Toulouse. *A vendre.*

21. École française.—Nattier.
Portrait de femme.
M. Rocamir. Toulouse. *A vendre.*

22. École française.—Mignard.
Portrait de femme.
M. Rocamir. Toulouse. *A vendre.*

23. Paysage.
M. Espériquette. Perpignan.

24. Paysage.
M. Espériquette. Perpignan.

25. Coypel.
Saint Jean-Baptiste et l'Enfant Jésus.
Mlle Fortagut. Perpignan.

26. École française.
Les châteaux de cartes.
M. Laromiguière. Perpignan.

27. École française.—Mme Lebrun.
Portrait.
M. Jules de Lamer. Perpignan.

28. Vue prise dans la forêt de Fontainebleau.
M. L. Lacombe Saint-Michel. Salses.

29. Vue du chœur de Ste-Marie d'Auch (Sépia).
M. L. Lacombe Saint-Michel. Salses.

30. École de Mieris.
Marchande de marée.
M. R. Lacombe Saint-Michel. Salses.

31. École hollandaise.—Gérard-Dow.
Scène d'intérieur.
M. R. Lacombe Saint-Michel. Salses.

32. École hollandaise.—Van Kessel.
Fruits.
M. R. Lacombe Saint-Michel. Salses.

33. École française.—Hyacinthe Rigaud.
Portrait d'une dame en costume de bal. (Crayon noir sur papier bleu rehaussé de blanc.)
M. R. Lacombe Saint-Michel.

34. **École italienne.—Michel-Ange Caravage.**
Portrait de Bayard.
M. de Lourdoueix. Perpignan.

35. **École française.—Mignard.**
Portrait de Mme de Sévigné.
M. de Lourdoueix. Perpignan.

36. **École française.—Steuben, premier peintre de l'empereur Nicolas.**
Cendrillon.
M. de Lourdoueix. Perpignan.

37. **Ingres.**
Virgile chez Auguste (sur papier bleu rehaussé de blanc).
M. de Lourdoueix. Perpignan.

38. **Paul Delaroche.**
Portrait de Mlle Félicie de Fauveau, statuaire (crayon).
M. de Lourdoueix. Perpignan.

39. **Mme Jaquotot.**
Marie Stuart (crayon).
M. de Lourdoueix. Perpignan.

40. Visconti.

Les Beaux-Arts (lavis).

M. de Lourdoueix. Perpignan.

41. Isabey.

Le Baptême (sépia).

M. de Lourdoueix. Perpignan.

42. Bonington.

Le Soir (aquarelle).

M. de Lourdoueix. Perpignan.

43. Gravure du portrait de Bayard, n° 34.

44. École française. Poussin.

Retour de Jacob chez Laban.

M. Victor Albar. Perpignan.

45. École française. — Louis-René de Viali, élève d'Hyacinthe Rigaud.

Portrait de la princesse d'Armagnac, en vestale.

M. Amouroux, négociant. Perpignan.

46. École française. — Guerra.

Saint Antoine de Padoue avec l'Enfant Jésus.

M. Ed. Vimort. Perpignan. *A vendre.*

47. Vue du Canigou. — Victor Cesson.

49. École française. — Maurin, père, d'après Bourguignon.
Bataille.
M. Auguste Molinier. Perpignan.

50. École française. — Maurin, père.
Marine.
M. Auguste Molinier. Perpignan.

51. École française. — Maurin, père.
Marine.
M. Auguste Molinier. Perpignan.

52. École française. — Maurin, père, d'après Bourguignon.
Bataille.
M. Auguste Molinier. Perpignan.

53. École italienne.
Saint Joseph et l'Enfant Jésus, sur verre.
M. Cayrol, maire de Vilallongue.

54. École italienne.
La Vierge, l'Enfant Jésus et Saint-Jean, sur verre.
M. Cayrol, maire de Vilallongue.

55. École française.
Portrait.
M. Codine. Perpignan.

56. École italienne. — Carlo Maratta.
Apparition de N. S. à saint Thomas.
M. Izern. Perpignan.

57. École française. — Pierre Subleyras.
Saint Joseph et l'Enfant Jésus.
M. Izern. Perpignan.

58. École française. — Jules Guichard.
Portrait d'homme.
M. Izern. Perpignan.

59. École hollandaise. — Rembrandt.
Départ de l'Ange après le retour de Tobie.
M. Izern. Perpignan.

60. École française. — Nicolas Mignard.
Salomé portant dans un plat la tête de saint Jean.
M. Izern. Perpignan.

61. École française. — Verdussen.
Convoi militaire.
M. Izern. Perpignan.

62. École italienne. — Salvator Rosa.
Résurrection de Lazare.
M. Izern. Perpignan.

63. École française. — Carle Lebrun.
Vierge.
M. Izern. Perpignan.

64. École espagnole. — Ribera.
Saint Jérôme.
M. Izern. Perpignan.

65. École flamande. — André Both.
Paysage.
M. Izern. Perpignan.

66. École française. — Guichard.
Paysage : Une fête.
M. Izern. Perpignan.

67. École espagnole. — Ribera.
La Mère des Douleurs.
M. Izern. Perpignan.

68. École italienne. — Solimena.
Saint Antoine en méditation.
M. Izern. Perpignan.

69. Paysage.
M. Henri François. Perpignan.

70. École flamande.
Paysage.
M. Henri François. Perpignan.

71. Paysage.
M. Henri François. Perpignan.

72 à 74. Fleurs (aquarelle).
M. Henri François. Perpignan.

75. Une bergère (miniature).
M. Henri François. Perpignan.

76 à 78. Portraits (miniatures).
M. Henri François. Perpignan.

80 à 85. Gravures.
M. François Sicart, huissier. Perpignan.

88. École française. — Guerra.
Adoration des Mages.
M. de Selva. Perpignan.

89. École française. — Antoine Guerra.
Sainte Catherine.
M. de Selva. Perpignan.

90. École française. — Gamelin.
Bataille.
M. Amouroux, notaire. Perpignan.

91 à 94. École française. — Gamelin.
Dessins rehaussés de blanc : Scènes tirées de l'*Énéide*.
M. Amouroux, notaire. Perpignan.

95. Portrait (pastel).
M. Rives. Perpignan.

96. Portrait (pastel).
M. Rives. Perpignan.

97. École française. — Gamelin.
Sainte Catherine.
M. Edouard Méric. Perpignan.

98. La Vierge, statue. — Boher.
M. Méric. Perpignan.

99. Guiraud, de Perpignan.
Jeune fille arrangeant des fleurs.

100. Guiraud, de Perpignan.
La mort du général Dugommier.

101. Guiraud, de Perpignan.
Bergers napolitains (gouache).

102. Guiraud, de Perpignan.
Paysans, environs de Naples (gouache).

103. Le Christ.—Laverny-Llobet, de Céret.
Dessin au crayon.

104. Saint Jean-Baptiste.
M. François Berge.

105. École française.—Antoine Guerra.
La Vierge au berceau.
M. l'abbé Boucabeille. Perpignan.

106. École française.—Delacroix.
Vue du château de Chambord.
M. Pla, juge de paix. Saint-Paul.

107. École flamande.—Teniers.
Buveur.
M. Pla, juge de paix. Saint-Paul.

108. École française.— Antoine Guerra.
Intérieur de chapelle.
M. Pla, juge de paix. Saint-Paul.

109. École française.—Antoine Guerra.
Intérieur de chapelle.
M. Pla, juge de paix. Saint-Paul.

110. École française.—Guerra.
Saint Thomas d'Aquin.
M. l'abbé Boucabeille. Perpignan.

111. École française.—Simil.
Sommeil de saint Joseph.
M. l'abbé Boucabeille. Perpignan.

112. École française.—Gamelin.
Sainte Jeanne de France.
M. l'abbé Boucabeille. Perpignan.

113. Statuette en bois (Saint Gaudérique), XVIe siècle.
M. Salgues. Perpignan.

114. École italienne.—Guerchin.
Le Christ au tombeau.
M. l'abbé Boucabeille. Perpignan.

115. École italienne.—Annibal Carrache.
Sainte Madeleine.
M. François Cathala. Perpignan.

116. École italienne.—Guerchin.
Saint Barnabé prêchant au peuple.
M. l'abbé Boucabeille. Perpignan.

117. École espagnole.—Alonzo Cano.
Fuite en Égypte.
M. l'abbé Boucabeille. Perpignan.

118. École espagnole.
Saint Jérôme.
M. l'abbé Boucabeille. Perpignan.

119. Simon Raynal, à Baho (Pyr.-Orient.).
Copie du Mendiant de Murillo.

120. Simon Raynal, à Baho (Pyr -Orient.).
Deux vignerons roussillonnais.

121. Simon Raynal, à Baho (Pyr.-Orient.).
Copie d'après Rigaud.

122, 123, 124. Scènes sur bois du martyre des SS. Cosme et Damien. Peinture de la fin du XVe siècle.
Fabrique de l'église de Serdinya.

126. Une gravure.

127. École de Lancret.
Sujet pastoral.
M. le Dr Frejacque. Carcassonne. (Camayeu.)

128. École de Lancret.
Sujet pastoral.
M. le Dr Frejacque. Carcassonne. (Camayeu.)

129, 130, 131, 132. Plan, profil, coupe et façade d'un projet d'église, par M. Ch. Glaise, architecte à Montpellier.

133. Intérieur d'église, aquarelle par M. Ch. Glaise, architecte à Montpellier.

134. Colonne dédiée à l'empereur Napoléon III, lavis par M. Ch. Glaise, architecte à Montpellier.

135. École française. — Antonin Trinquier, à Montpellier.
Intérieur d'un garde-manger.

136. École française.— Antonin Trinquier.
Intérieur d'un garde-manger avec figures.

137. École française.
Paysage.
M. Henri Douzil. Nîmes, rue Saint-Antoine, 7.

138. École française.
Tableau de genre.
M. Henri Douzil. Nîmes.

139. Eugène Pugens, à Perpignan.
Eudore et son guide surpris dans le désert par le simoun.

140. Eugène Pugens.
Portrait.

141. Eugène Pugens.
Un vieux satyre.

142. Eugène Pugens.
Portrait.

143. Eugène Pugens.
Copie d'après Velasquez.

144. Eugène Pugens.
Portrait.

145. Eugène Pugens.
Portrait d'enfant.

146. École française. — Guerra.
Sainte Madeleine.
M. Jouy-d'Arnaud.

147. École espagnole. — Ribera.
Saint Joseph et l'Enfant Jésus.
M. Jouy-d'Arnaud.

148. Portrait de Marie Leczinska.
M. Jouy-d'Arnaud.

149. Portrait de Louis XV.
M. Jouy-d'Arnaud.

150. Étude de paysage.
M. Jouy-d'Arnaud.

151. École française (d'après Nattier).
Louis XV.
M. Jouy-d'Arnaud.

152. École italienne.
Ecce Homo.
M. Jouy-d'Arnaud.

153. Canavy.
Médaillon en plâtre (portrait).
M. Cusson. Perpignan.

156. Fleurs.
M. Passama. Perpignan.

158. Canavi.
Buste.
M. Cusson. Perpignan.

159. École française.—Charles Tillot, élève de Théodore Rousseau et d'Ary Scheffer.
Vue du Canigou, prise des environs d'Argelès.
M. François Py. Cosperons (Port-Vendres).

160. Buste en plâtre.
M. Gabriel Farrail.

161. *Idem.*

162. École italienne.
Sainte Catherine.
M. Miquel Fons.

163. École française. — Jules Sales.
Un Guide des Pyrénées.
M. Nicot. Nîmes.

164. Saint Joseph et l'Enfant Jésus.
M. Lanquine de Llaro. Perpignan.

165. École italienne. — Carlo Maratta.
La Vierge et l'Enfant Jésus.
M. Lanquine de Llaro.

166. École française. — Gamelin.
Tête de jeune fille.
M. l'abbé Boucabeille. Perpignan.

167. École française.
Descente de Croix.
M. l'abbé Boucabeille.

168. École espagnole.
Ecce Homo.
M. l'abbé Boucabeille.

169. École espagnole.
Sainte Thérèse.
M. l'abbé Boucabeille.

171. École française. — Champagne.
Paysage.
M. Hippolyte Champagne. Carcassonne.

172. École française. — Champagne.
Paysage.
M. Hippolyte Champagne. Carcassonne.

173. Eugène Pugens.
Portrait.

175. École suisse. — Niederhaussen.
Paysage.
M. Rocamir. Toulouse. *A vendre.*

176. École espagnole. — Franc. Zurbaran.
Saint François-d'Assise.
M. Rocamir. Toulouse. *A vendre.*

177. École hollandaise. — A. Grotvelt.
Effet de lumière.
M. Rocamir. Toulouse. *A vendre.*

178. École française. — Eugène Devéria.
Portrait de femme.
M. Rocamir. Toulouse. *A vendre.*

179. Paysage, par Monseau (gouache.)
M. Rocamir. Toulouse. *A vendre.*

180. Jules Gardot. Paris, rue du Faubourg Poissonnière, 76.
Portrait.

181. Jules Gardot.
Portrait.

182. Jules Gardot.
Portrait.

183. Jules Gardot.
Portrait.

184. Jules Gardot.
Tête d'étude (pastel).

185. Jules Gardot.
Portrait (esquisse).

186. Jules Gardot.
Tête d'étude (pastel).

187. Jules Gardot.
Portrait.

188. École italienne, XVe siècle.
Le Christ en croix.
M. Potot. Perpignan.

189. **Fruits.**
Mme Durand. Perpignan.

190. **École française.**
Saint Vincent-de-Paul.
M. Lacarrière-Vilallongue. Perpignan.

191. **Écriture.—Fric. Perpignan.**

192. **La Vierge, l'Enfant Jésus et saint Jean-Baptiste.**
Rojas. Carcassonne.

193. **F. Rojas.**
Portrait d'homme.
M. Rojas. Carcassonne.

194. **École française.—François Clouet.**
Portrait d'homme du temps de Henri II.
M. Brocard. Perpignan.

195. **École française. — Guilbert d'Anelle, à Avignon.**
Portrait de S. A. le Prince Impérial.

196. **Perrot, à Nîmes, place Maison-Carrée, 10.**
Portrait.

197. **Perrot, à Nîmes.**
Portrait.

198. Guilbert d'Anelle, à Avignon.
Paysage.

199. Guilbert d'Anelle, à Avignon.
Portrait de femme.

202. École italienne.— Carlo Maratta.
Vierge tenant l'Enfant Jésus.
M. Izern. Perpignan.

203. École française.— Nicolas Lancret.
Retour de la chasse.
M. Izern.

204. École hollandaise.— Baut et Boudewyns.
Paysage.
M. Valadou. Perpignan.

205. École hollandaise. —Michaud.
Scène flamande.
M. Valadou.

206. École hollandaise.— Michaud.
Paysage.
M. Valadou.

207. École de l'Empire.
Jeune garçon.
M. Valadou.

208. École flamande. — Van Dyck.
Sainte Famille.
M. Prosper Auriol. Perpignan.

209. École flamande. — Verbakoven.
Intérieur d'étable.
M. Prosper Auriol. Perpignan.

210. École hollandaise. — Van der Velde.
Marine.
M. Prosper Auriol.

211. École flamande. — Teniers.
Fête flamande.
M. Prosper Auriol.

212. École française. — Stella.
Le Christ sur la croix; la sainte Vierge et saint Jean (cuivre).
M. Prosper Auriol.

213. Boullangé.
Portraits.
M. l'abbé Granier de Cassagnac. Perpignan.

214. École italienne.
Portrait.
M. Auguste Lloubes. Perpignan.

215. Vignes.
Nature morte.
M. Auguste Lloubes.

216. École italienne.—Abbate Belvedere.
Fleurs.
M. Auguste Lloubes.

217. École italienne.
Enfant endormi.
M. Auguste Lloubes.

218. École italienne.—Baldasare Caro.
Nature morte.
M. Auguste Lloubes.

219. École italienne.—Abbate Belvedere.
Fleurs.
M. Auguste Lloubes.

220. École française.—A.-J. Gros.
Distribution de croix.
M. Auguste Lloubes.

221. École française.—Demay.
Rendez-vous de chasse.
M. Auguste Lloubes.

222. École française. — Coypel.
Jupiter et Junon.
M. Auguste Lloubes.

223. École française. — Coypel.
Hercule et Omphale.
M. Auguste Lloubes.

224. École française. — M. Pillement.
Paysage.
M. Auguste Lloubes.

225. École française. — Pillement.
Paysage avec figures.
M. Auguste Lloubes.

226. École hollandaise. — Genre de Jordaens.
Enfant endormi.
M. Auguste Lloubes.

227. École française. — Gamelin.
Bataille.
M. Auguste Lloubes.

228. École française. — Richard.
Paysage.
M. Auguste Lloubes.

229. École française. — Pingret.
Moine et Sicilienne.
M. Auguste Lloubes.

230. Siége d'une ville.
M. Auguste Lloubes.

231. École française. — M. Muller.
Femme qui file.
M. Jaubert de Passa. Perpignan.

232. École française moderne. — Muller.
Femme portant une cruche.
M. Jaubert de Passa.

233. École française. — Un élève de Greuse.
Deux portraits.
M. Vignol, architecte du département.

234. Vue au-dessus de Thuir, par M. Vignol.

235. Palais de Justice de Perpignan, par le même.

236. Paysage (aquarelle), par le même.

237. *Idem*.

238. École espagnole. — Ribera.
Le Christ mort.
M. Francis Tourneret. Perpignan.

239. École française. — Jules Boilly.
Assomption.
M. Auguste Lloubes.

240. Portrait de femme (pastel). — Latour.
M. Auguste Lloubes.

241. École française. — Lancret.
Portrait.
M. Auguste Lloubes.

242. École française. — Bellangé.
Scène militaire.
M. Auguste Lloubes.

243. École française. — Jules Noël.
Marine.
M. Auguste Lloubes.

246. Portrait de femme.
M. Auguste Lloubes.

247. Portrait.
M. Auguste Lloubes.

248. École française. — David.
Portrait de Mme Tallien.
M. Auguste Lloubes.

249. École française. — Guerra.
Portrait.
M. Auguste Lloubes.

250. École italienne. — Aug. Carrache.
Allégorie (l'Été).
M. Auguste Lloubes.

251. École française. — Gros.
Philoctète.
M. Auguste Lloubes.

252. École française. — Genre de Wattau.
Pastorale.
M. Auguste Lloubes.

253. École italienne. — Le Parmesan.
Sainte Famille.
M. Auguste Lloubes.

254. École hollandaise. — Hermann Swanevelt.
Paysage.
M. Auguste Lloubes.

255. École française. — Jules Boilly.
Mendiante.
M. Auguste Lloubes.

256. Paysage. — Soulier.
M. Auguste Lloubes.

257. École hollandaise. — Jordaens.
Enfant endormi.
M. Auguste Lloubes.

258. École française. — Lagrenée.
Jupiter et Mercure.
M. Auguste Lloubes.

259. École italienne. — Baldasare Caro.
Nature morte.
M. Auguste Lloubes.

260. École française. — P. Gélibert.
Paysage avec animaux.
M. Auguste Lloubes.

261, 262. Projet d'Opéra (lavis), par M. Vignol, architecte du département. *Plan et façade.*

263. Sujet mythologique.—Bon Boulogne.
M. Auguste Lloubes.

264. École française moderne. — Pillement.
Paysage avec figures.
M. Auguste Lloubes.

265. École française. — Gamelin.
Noces de Cana.
M. Auguste Lloubes.

266. École française. — Gamelin.
Délivrance de saint Pierre.
M. Auguste Lloubes.

267. École française. — Choron.
Cauchoises.
M. Auguste Lloubes.

268. Nicolas Verkolie.
Allégorie. L'Amérique (cuivre).
M. Auguste Lloubes.

269. École française. — Gamelin.
Jésus parmi les docteurs.
M. Auguste Lloubes.

270. École française. — Paul Gélibert.
Moutons.
M. Auguste Lloubes.

271. École italienne. — Lanfranc.
Saint Jérôme.
M. Auguste Lloubes.

272. École française.
Portrait.
M. Auguste Lloubes.

273. École française.— Paul Gélibert
Moutons.
M. Auguste Lloubes.

274. École française.—Demay.
Rendez-vous de chasse.
M. Auguste Lloubes.

275. École de Poitevin.
Marine.
M. Auguste Lloubes.

276. Valfort, à Paris.
Pêches de Montreuil.
M. Benet. Caudiès.

277. Fruits.
M. Benet. Caudiès.

278. Valfort, à Paris.
Pêches d'Ille (Pyr.-Orient.).
M. Benet. Caudiès.

279. Eugène Pugens, à Perpignan.
Portrait.

280. Eugène Pugens.
Divine bergère.

281. Eugène Pugens.
Portrait.

282. Eugène Pugens.
Portrait.

283 à 286. Projet d'école de musique : façade principale, coupe de la salle de concert, coupe longitudinale et plan général, par M. Gaubert, architecte, 2me grand-prix à l'école des Beaux-Arts.

287. Eugène Pugens.
Portrait.

288. Eugène Pugens.
Portrait.

289. École hollandaise.
Paysage, berger et brebis.

290. École hollandaise.
Chèvres.
M. Bresson. Perpignan.

291. Allégorie. Le soir.
M. Bresson.

292. Allégorie. La nuit.
M. Bresson.

293. École française. — Duchesse de Bourbon, 1776.
Paysage.
M. Bresson.

294. *Idem.*

295. Allégorie.
M. Bresson.

296. École moderne.— François Botina.
Copie libre d'après le tableau de Mlle Rosa Bonheur.

297. Maurin, père.
Portrait (mine de plomb).

298. Saint Jean-Baptiste dans le désert.
M. Pontet. Perpignan.

299. Alph. Canavy, à Cusset (Allier).
Faisans et lièvre. *A vendre.*

300. Alph. Canavy.
Un chevreuil. *A vendre.*

301. École italienne.
Sainte Madeleine d'après le Guide.
M. James Jaume. Perpignan.

302. Kermese, d'après Rubens (gravure).

303. École italienne.—S. Faux, 1688.
Saint François-de-Sales.
M. Izern. Perpignan.

304. Pierre Van Laar dit Bamboche.
Une bataille.
M. Izern.

305. Portrait de Théophraste.
M. Fourgues, commissaire de police. Formiguères.

306. Médaillon à l'huile.

307. École française.—Casse.
Scène d'intérieur.
M. Izern. Perpignan.

308. École française.— Budelot.
Un charlatan.
M. Izern.

309. École française.— J. Stella.
Sainte famille.
M. Izern.

310. École française.—Antoine Maurin.
Portrait d'enfant.
M. Izern.

311. École française.— Granet.
Intérieur d'église.
M. Izern.

312. École française.— Pierre Strudel.
La Mère des Douleurs.
M. Izern.

313. École française.—Strudel.
Ecce homo.
M. Izern.

314. Pastel.
M. Jean-Noël Arles. Montpellier.

315. Pastel.
Tête de femme.
M. Jean-Noël Arles.

316. Pastel.
M. Jean-Noël Arles.

317. École espagnole.
Sainte Barbe.
M. Paul Sallens. Vinça

318. Ecole espagnole.
Saint Jean-Baptiste.
M. Paul Sallens.

319. Ecole espagnole.
Sainte Thérèse.
M. Paul Sallens.

320. Ecole française.
Sainte Catherine.
M. Paul Sallens.

321. Ecole française. — Berniet.
Nature morte.
M. Berniet.

322. Ecole italienne.
L'Amour taillant son arc.
M. Emmanuel Bonafos. Perpignan.

323. Tableau brodé.
Saint François de Paule. *A vendre.*
Mme veuve Geniès. Perpignan.

324. Portrait.
M. Coste. Perpignan.

325. Ecole allemande. — Guillaume de Heus.
Insectes et chardon.
M. Boix, pharmacien. Perpignan.

326. Ecole flamande. — Hermann Zacht-Leeven.
Paysage avec figures.
M. Boix.

327. Ecole flamande. — Hermann Zacht-Leeven.
Paysage avec figures.
M. Boix.

328. Ecole française.
Paysage.
M. Boix.

329. L. Pater.
Deux femmes.
M. Boix.

330. Ecole italienne.
Tête de saint Jean.
M. Boix.

331. Ecole italienne.
L'Enfant Jésus.
M. Boix.

332. Ecole française. — Simon Vouet.
Vierge (sur bois).
M. Boix.

333. Ecole française. — Baptiste.
Vase de fleurs; animaux.
M. Boix.

334. Ecole française. — Baptiste.
Vase de fleurs.
M. Boix.

335. Ecole française. — Pillement.
Paysage.
M. Boix.

336. Ecole française. — Pillement.
Paysage avec figures.
M. Boix.

337. Ecole française. — Pillement.
Effet de neige.
M. Boix.

338. Ecole française. — Pillement.
Tempête.
M. Boix.

339. Ecole française. — Pillement.
Paysage.
M. Boix.

340. Ecole italienne.
Mater dolorosa (sur cuivre).
M. de Lanquine de Llaro. Perpignan.

341. Ecole espagnole. — Velasquez.
Portrait de femme.
M. Émile Clausolles. Perpignan.

342. Ecole flamande. — Peterneff.
Intérieur d'église.
Fr. Exupère, directeur des écoles chrétiennes. Perpignan.

343. Ecole française. — Gamelin.
Une bataille.
M. Auguste Lloubes. Perpignan.

344. Ecole moderne. — Frère Samuel, à Béziers.
Prière pour la fête de Noël (aquarelle).
Frère Exupère. Perpignan.

345. Couronnement d'épines (d'après Diétrick).
Fr. Exupère.

346. Ecole moderne. — Frère Samuel.
Adoration des Mages (aquarelle).
Fr. Exupère.

347. Ecole moderne. — Fr. Athanase, à Passy-les-Paris.
Avant le combat (Crimée).
Fr. Exupère.

348. Ecole moderne. — Fr. Samuel.
La Vierge.
Fr. Exupère.

349. Ecole moderne. — Ls Pellegrini, de Bastia.
Les saintes femmes au tombeau.
Fr. Exupère.

350. Ecole moderne. — Fr. Samuel.
Portrait.
Fr. Exupère.

351. Fruits.
Mme de Bourgon. Perpignan.

352. Ecole moderne. — M. Garbet, à Toulouse.
Marine.

353. Ecole moderne. — M. Garbet.
Paysage.

354. Paysage (aquarelle).
M. Lencou. Perpignan.

355. Ecole française moderne.—Paul Gélibert.
Moutons.
M. Auguste Lloubes.

356. Ecole moderne.—Emm.-Barth. Michel, de Montpellier, 1er grand prix de 1860.
Saint Christophe portant l'Enfant Jésus.

357. Descente de croix.
M. Jalabert. Perpignan.

358. Ecole française.—Eugène Gélibert.
Chiens de chasse à l'arrêt.
M. Auguste Lloubes. Perpignan.

359. Virgile chez Auguste. Crayon sur papier bleu, rehaussé de blanc, par Ingres.
M. Paul de Lourdoueix. Perpignan.

360. Ecole française.—Badin.
Pêcheurs.
M. Auguste Lloubes. Perpignan.

361. Ecole hollandaise moderne. Devigne-Gent.
Scène d'intérieur.
M. Auguste Lloubes.

362. Ecole française. — Lacroix.
Paysage.
M. Auguste Lloubes.

363. Ecole française. — Lacroix.
Paysage.
M. Auguste Lloubes.

364. Ecole flamande.
Scène d'intérieur.
M. Auguste Lloubes.

365. Ecole italienne.
Ecce homo.
F. Exupère. Perpignan.

366. Ecole française. — Ranc.
Portrait.
M. Auguste Lloubes.

367. Ecole française. — Guerra.
Portrait.
M. Auguste Lloubes.

368. Ecole française. — Jules Boilly.
Sujet oriental.
M. Auguste Lloubes.

369. Ecole française.—Jules Boilly.
Vue d'intérieur.
M. Auguste Lloubes.

370. Ecole italienne.
La Vierge et l'Enfant Jésus.
M. Auguste Lloubes.

371. Ecole française. —Latour.
Contrebandier.
M. Auguste Lloubes.

372. Ecole hollandaise. —Swanevelt.
Paysage.
M. Auguste Lloubes.

373. Ecole française. —Amand Cyboul.
Nature morte.
M. Auguste Lloubes.

374. Ecole italienne.—Vincenzio.
Portrait de femme.
M. Auguste Lloubes.

375. Ecole française.—Jules Boilly.
Mendiant.
M. Auguste Lloubes.

376. Saint-Sébastien (sur bois).
M. Auguste Lloubes.

377. Imitation de Greuse. Scène d'intérieur, gouache sur cuivre.
M. Jules Parés. Perpignan.

378. Louis XI. Portrait sur bois peint à l'époque de ce prince. LOYS LE DANGEREVLX FILS DE CHRLES *(sic)* VII.
M. Geoffroy. Perpignan.

379. Ecole française.— Mignard.
Ninon de Lenclos en Madeleine.
M. Geoffroy.

380. École flamande.—Rotenamer.
Jugement de Paris.
M. Geoffroy.

380 *bis*. École romaine.—Frédéric Barroche.
Sainte famille (sur cuivre).
M. Geoffroy.

381. École française.—Jacques Stella.
La Vierge et l'Enfant Jésus.
M. Geoffroy.

382. **École française.—Henri Wanderburg.**
Vue de Honfleur.
M. Geoffroy.

384. **École française.—Gudein.**
Marine.
M. François Auberge. Perpignan.

385. **École française.—Gudein.**
Marine.
M. François Auberge.

386. **Paysage.**
M. François Auberge.

387. **Femme lisant (crayon).—Léon Coignet.**
M. François Auberge.

388. **Photographie portrait.**
M. François Auberge.

389. **Saint Nicolas (vitrail).**
Rigaud et Cie. Toulouse, place St-Sernin, 2.

390. **École italienne.**
La Vierge et l'Enfant Jésus.
Fabrique de la cathédrale. Perpignan.

391. École espagnole. — Ribera.
Ecce homo.
M. Pierre Bardou. Perpignan.

392. Tête de Christ.
M. Pierre Bardou.

393. Paysage.
M. Pierre Bardou.

394. École française. — Genre Baptiste.
Fleurs.
M. Pierre Bardou.

395. École espagnole.
Tête de Vierge.
M. Pierre Bardou.

396. École française. — Mignard.
Portrait.
M. Pierre Bardou.

397. Nature morte.
M. Pierre Bardou.

398. Nature morte.
M. Pierre Bardou.

399. École française.
Fleurs.
M. Henri Carcassonne, notaire. Perpignan.

400. École française.
Fleurs.
M. Henri Carcassonne.

401. Copie à la plume, par M. François Davau, à Carcassonne.

402. Miniature (sur ivoire violet).
M. Auguste Lloubes.

403. École française.
Portrait.
Frère Exupère. Perpignan.

404. École française.—Frère Exupère.
Sainte Madeleine morte.
Frère Exupère.

405. Saint Charles-Borromée.
M. Garreta, curé de Saint-Jacques.

406. École espagnole.
Église de Saint-Jacques. Perpignan.

407. École espagnole.
Ecce Homo.
Appartenant à l'église St-Jacques de Perpignan.

408. Triptyque byzantin. — xve siècle.
M. Auguste Lloubes. Perpignan.

409. École française. — De Marne.
Paysage.
Mme Maler. Perpignan.

410. Épreuves de gravures sur bois.
M. Baronié, graveur, à Toulouse.

411. Épreuves de gravures sur bois, avec les bois.
M. Baronié.

412. Femme mauresque (aquar. par M. Delacroix).
M. Jaubert de Passa. Perpignan.

413. Paysan valencien (aquarelle par Raffet).
M. Jaubert de Passa.

414. Marine (dessin au crayon par Lauvergne).
M. Jaubert de Passa.

415. Marie-Antoinette écoutant la lecture de son arrêt de mort (photographie d'après un tableau de Muller).
M. Jaubert de Passa.

416, 417. Passe-partout, caricatures chinoises.
M. Pouzau, commandant de place, à Collioure.

418. Portrait de Rigaud.
M. Codine. Perpignan.

419. École flamande. — Maas.
Tête de vieillard (sur bois).
M. Auguste Lloubes.

420, 421. Portraits.
M. Auguste Lloubes.

422. Miniature.
M. Auguste Lloubes.

423. Portrait.
M. Auguste Lloubes.

424. Ébauche d'après Murillo. — Mlle Ernestine Fraisse.
L'Assomption.
M. Fraisse. Cette.

425, 426. Fleurs (aquarelles).
M. Fraisse. Cette.

427. Une Vierge (peinte sur porcelaine).
M. Codine. Perpignan.

428. Portrait de Lafontaine (médaillon en nacre).
M. Codine.

429. Vue d'Isola (mine de plomb), par Girodet-Trioson.
M. Paulin Testory. Perpignan.

430. Dessin au crayon.
M. Paulin Testory.

431 à 436. Miniatures.
Mlle Rose Rouvier. Perpignan.

437. Passe-partout musique.
Mlle Rose Rouvier.

438. École flamande.
Scène d'intérieur.
M. Roca, capitaine de frégate. Perpignan.

439. École moderne. — Jules Gardot.
Portrait d'enfant.

440. Mme la Duchesse d'Orléans, mère de Louis-Philippe.
M. le colonel Bach. Perpignan.

441. Tableau en cire.
Église Saint-Jacques de Perpiguan.

442. École française.
Paysage.
M. Triquéra. Estagel.

443. Les ermitages de Consolation et de Font-Romeu (lavis), par M. Léveillé, ancien ingénieur en chef du département.
M. Jaubert de Passa. Perpignan.

444. Paysage (dessin au crayon), par Pillement.
M. Triquéra. Estagel.

445. Paysage (dessin au crayon).
M. Triquéra.

446. Paysage imité de David-Teniers.
M. Pierre Bardou. Perpignan.

447. École française. — Demay.
Paysage.
M. Pierre Bardou.

448 à 453. Figures peintes sur verre.
M. Pierre Bardou.

454. École espagnole.
Saint François-de-Paule. Copie du portrait envoyé à Léon X par François Ier
Mme veuve Borello. Perpignan.

455. Ecce homo.

Mme veuve Borello.

456. Scène flamande. Crayon par Wille.

M. de Lourdoueix. Perpignan.

457. *Idem*.

458. Sainte Famille (gouache sur cuivre).

M. de Bruguère. Perpignan.

459. Marine. Encre de Chine, par Garnerey.

M. Romain Lacombe-Saint-Michel.

460. Façade de la cathédrale de Reims, gravure, E. Leblan.

Donné par l'auteur à M. de Lourdoueix.

461. Le procès-verbal, par Mlle Hautebourt Lescot (aquarelle).

M. de Lourdoueix.

462. La Vierge (peinture).

M. Gervais-Corbière. Perpignan.

463. La mère des Douleurs (peinture).

M. Jaubert de Passa. Perpignan.

464. Paysage, par Bonnefoy,

M. Jaubert de Passa.

465. École française.—Watteau.
La musique.
M. Jules Parès. Perpignan.

466. École française.— Watteau.
La peinture.
M. Jules Parès.

467. École espagnole.
Saint Joseph et l'Enfant Jésus.
M. Vidal. Perpignan.

468. École de Van Dyck.
Frédéric le Grand.
M. Péprats. Perpignan.

469. Copie d'après Raphaël.
Sainte Famille.
M. Péprats.

470. Saint Antoine-de-Padoue. Trouvé par un soldat français dans les ruines de la chapelle de Solferino.
M. Péprats.

471. Procession de la Fête-Dieu à Perpignan, par M. Lasserre.

476. Danses andalouses (aquarelle), par Maurin, père.
M. Jaubert de Passa. Perpignan.

477. Bohémiens (aquarelle), par Maurin, père.
M. Jaubert de Passa.

478. Paysage (aquarelle), par Lecreux.
M. Jaubert de Passa.

479. L'ermitage de Consolation; l'ermitage de Font-Romeu (Pyr.-Orient.), lavis, par l'Éveillé.

480. Jetée de Boulogne, par A. Delacroix.
M. Jaubert de Passa.

481. Photographie.

483. Flagellation de N. S.
M. l'abbé Fines. Perpignan.

484. Portrait, par le Frère Samuel.
Frère Exupère. Perpignan.

485. Portrait de Mgr de Saunhac, évêque de Perpignan, par Capdebos.
Mlle Victorine Capdebos. Perpignan.

487 à 490. Lithographies.
M. Codine-Llombart. Perpignan.

491. Vue principale de Cornella (aquarelle).
M. Codine-Llombart.

492. Le printemps et l'automne (aquarelle).
M. Godine-Llombart.

493. Étude de fruits.
Mme Ratheau. Perpignan.

495. Scène militaire (aquarelle).
Mme de Bourgon.

496. École française.—Watteau.
La musique.
M. Jules Parès. Perpignan.

497. Papiers peints à la main et à la planch[e], spécialité de décors, tentures en t[out] genre.
M. Hugoniot. Perpignan.

www.ingramcontent.com/pod-product-compliance
Ingram Content Group UK Ltd.
Pitfield, Milton Keynes, MK11 3LW, UK
UKHW020203200726
13856UKWH00003B/1173